Eva María Araya Maldonado

Trabajo colaborativo, elemento esencial en la escuela del siglo XXI

Eva María Araya Maldonado

Trabajo colaborativo, elemento esencial en la escuela del siglo XXI

Dictus Publishing

Imprint

Any brand names and product names mentioned in this book are subject to trademark, brand or patent protection and are trademarks or registered trademarks of their respective holders. The use of brand names, product names, common names, trade names, product descriptions etc. even without a particular marking in this work is in no way to be construed to mean that such names may be regarded as unrestricted in respect of trademark and brand protection legislation and could thus be used by anyone.

Cover image: www.ingimage.com

Publisher:
Dictus Publishing
is a trademark of
International Book Market Service Ltd., member of OmniScriptum Publishing Group
17 Meldrum Street, Beau Bassin 71504, Mauritius

Printed at: see last page
ISBN: 978-620-2-47939-4

INDICE

PROYECTO DE MEJORAMIENTO INSTITUCIONAL

NOMBRE DEL PROYECTO

"Mejorar el trabajo colaborativo entre los docentes de las escuelas rurales integrantes del Microcentro los Cisnes de Paredones VI Región de Chile, para generar una educación más inclusiva y de calidad"

Duración del Proyecto: 24 meses

INSTITUCION DONDE SE BASA EL PROYECTO

Nombre de la Institución Educacional	Nombre del Director o Jefatura	Dirección	Firm a
Escuelas Microcentro Los Cisnes	Coordinador Miguel Vielma Fuenzalida	Escuela Santa Ana Comuna Paredones	

EQUIPO DIRECTIVO DE LA INSTITUCIÓN

Cargo en el Equipo Directivo	Nombre del Profesional	Título/Grado
Director y Coordinador	Miguel Vielma Fuenzalida	Profesor Educación Básica

1. RESUMEN EJECUTIVO DEL PROYECTO

(Identificar mejoramiento o intervención, componentes, estrategias, fundamentación teórica y resultados a obtener con el proyecto).

El presente proyecto de mejoramiento tiene como beneficiario principal al Microcentro los Cisnes de Paredones, VI Región de Chile.

Se realizó un diagnóstico institucional, a través del cual se pudo concluir que los principales nudos críticos:

Primer nudo crítico: Corresponde al área de liderazgo del director, donde se evidencia un débil desarrollo de las competencias profesionales asociadas. Existen falencias que se arrastran desde la formación inicial, sin embargo, se nota un esfuerzo por superarse y dar cumplimiento a los requerimientos (todos dicen esforzarse por dar cumplimiento a los requerimientos siendo autodidactas, mucha lectura, siendo aprendices permanentes).

Segundo nudo identificado: se relaciona con la **Gestión pedagógica** (incapacidad de observar la sala de clases de una manera efectiva) la ausencia de un sistema de apoyo y supervisión docente efectivo respecto de su trabajo en aula. El sistema de apoyo no es efectivo, ya que la retroalimentación no entrega orientaciones claras y concretas respecto de los momentos de la clase que se requiere mejorar, o respecto de la metodología, menos de los contenidos o estrategias que se utilizan, por todo esto, es finalmente el profesor de aula quien debe buscar estrategias de manera personal para que todos los estudiantes logren la adquisición de conocimiento.

Tercer nudo crítico: Corresponde al **Área Convivencia escolar y apoyo a los estudiantes**, dice relación al escaso desarrollo de competencias de los docentes para elaborar estrategias que permitan ofrecer una educación completa poniendo énfasis en la autorregulación, y el desarrollo Ciudadano (desarrollo de competencias básicas).

Los docentes que respondieron la encuesta de diagnóstico reconocen la necesidad de adquirir mayores competencias que les permita interactuar mejor y de manera más eficaz con grupos heterogéneos.

A partir de lo anterior, se definieron tres objetivos principales:

Objetivo General 1: Determinar e instalar una nueva forma de liderazgo pedagógico y de liderazgo directivo en el Microcentro, con el fin de mejorar la Gestión pedagógica y el trabajo directivo como un proceso permanente.

Objetivo General 2: Determinar e instalar una forma efectiva y consensuada de hacer gestión pedagógica en los establecimientos educacionales integrantes del Microcentro, donde se acoja la realidad y las necesidades de sus estudiantes.

Objetivo General 3: Diseñar e implementar un plan de capacitación continua para los docentes, con el fin de abordar adecuadamente los nuevos requerimientos curriculares y de nuevos requerimientos ministeriales que apunten a la formación integral de los estudiantes.

Para cumplir con éstos objetivos, se desarrollarán tres etapas (fase inicial, intermedia y final), las que incluyen actividades que apuntan al apoyo de la Gestión Curricular y la Gestión Pedagógica que se llevan a cabo en el Microcentro Los Cisnes.

El tiempo asociado para el desarrollo de todo el proyecto de mejoramiento, se estima en 24 meses.

La inversión total del proyecto de mejoramiento se estima en $2.000.000 La que será financiada a través de recurso SEP (Ley SEP) y FAEP (Fondo de apoyo a la Educación Pública)

Mejoramiento: Se pretende mejorar el trabajo colaborativo entre los integrantes del Microcentro los Cisnes lo que permitirá mejorar los procedimientos relacionados con la Gestión curricular y la Gestión pedagógica que se llevan a cabo en el Microcentro y que luego se irradian a establecimientos asociados, como una actividad que compromete a todos los actores, quienes tienen un objetivo en común, que es impartir educación de calidad y mejorar los aprendizajes de sus estudiantes.

Componentes: Se pretende mejorar el desarrollo de competencias laborales en los docentes y los directivos, para que les permita analizar mejor las responsabilidades que el sistema educacional exige, lo que permitirá tomar resguardos y realizar acciones que conduzcan a mejorar la calidad del servicio ofrecido, tanto en el ámbito de la gestión como en lo pedagógico.

El tema de la calidad educacional está presente en la sociedad chilena debido a los escasos resultados que muestran los alumnos en todos sus niveles, situación ratificada por las mediciones nacionales e internacionales a las que ha sido sometido el sistema. Pudiéndose determinar que una de las deficiencias es la inadecuada gestión de recursos humanos y materiales.

La importancia que tiene para cualquier institución la aplicación de un sistema de gestión, es que posibilita el seguimiento oportuno del desarrollo de actividades, supervisión y evaluación de procesos estratégicos, de sus avances, la modificación y redireccionamiento de lo que sea necesario, de manera tal de asegurar la calidad de los aprendizajes. Acciones de las cuales, no puede mantenerse alejado un profesional de la educación.

Estrategias: Tal como lo plantea la OCDE (2006), para que las políticas educativas se traduzcan en mejoras a gran escala en los aprendizajes, es preciso que directivos y profesores desarrollen los conocimientos y las destrezas necesarias para construir escuelas muy cohesionadas.

La educación de calidad está asociada a la gestión escolar y al liderazgo educativo que la conduce y también a otras variables que están más allá de la sala de clases, pero que igualmente impactan en los aprendizajes, "por ejemplo, aquellas escuelas que cuentan con un ambiente ordenado, con una gran cantidad de tiempo dedicado al trabajo y con un control frecuente del progreso del estudiante, tienden a producir mayores logros académicos que otras escuelas" (Mortimore et al.,1988; Purkey y Smith 1983; Teddle y Stringfield,1993 citados en Brunner 2003 p: 64). De acuerdo al sentido de los autores mencionados por Brunner; el gran desafío de la gestión escolar será, entonces, generar las condiciones para que en la escuela se logren aprendizajes de calidad, contando entre ellas las características del liderazgo del director, el clima escolar y el manejo de la sala de clases. Asimismo, el Marco para la Buena Dirección y el Liderazgo Escolar (2015) enfatiza que la efectividad de los establecimientos educacionales se basa en la capacidad de gestión de todo el equipo que dirige la escuela y que el director debe promover "una cultura de liderazgo directivo, participativo y democrático". Las dimensiones de dicho marco: Liderazgo, Gestión Curricular, Gestión del Clima Organizacional y Convivencia y Gestión de los Recursos (humanos y materiales) dan cuenta de los énfasis que la dirección escolar debería hacer en el trabajo en la escuela. La relación entre gestión y desempeño escolar en Chile ha sido estudiada recién en los últimos años, en los cuales se han realizado estudios que vinculan dimensiones de la gestión escolar y desempeño de los docentes a los resultados académicos, (Pavez 2004, Paredes y Lizama 2006, García y Paredes 2006, citados en Raczynski 2009, p: 38).

Fundamentación Teórica:
Mejorar las capacidades de los docentes para la eficiencia de sus prácticas pedagógicas al interior de la sala de clases, puesto que se ha detectado como nudo crítico incapacidad para observarla de manera efectiva, ya que la retroalimentación que se entrega, no siempre es clara. Se pretende afianzar una cultura de trabajo colaborativa, donde todos puedan construir la escuela que quieren con un sentido de corresponsabilidad, colaboración, interacción y retroalimentación.

"El aprendizaje colaborativo considera el diálogo, las interacciones positivas y la cooperación como fundamentos esenciales de su quehacer; sin embargo, es la implicación colaborativa de cada persona, la que garantiza el alcance de las metas de aprendizaje, y la realización individual y colectiva" (Monge, 2006).

Las teorías psicológicas sobre la inteligencia no pueden ignorar las diferencias existentes entre los contextos en que viven y se desarrollan los seres humanos. En vez de suponer que tenemos una inteligencia independiente de la cultura en que nos toca vivir, hoy muchos científicos consideran la inteligencia como el resultado de una interacción, por una parte, de ciertas inclinaciones y potencialidades, y por otra, de las oportunidades y limitaciones que caracterizan un ambiente cultural determinado como lo afirma Gardner,(1994).

La educación chilena requiere urgentemente un poderoso impulso de liderazgo en sus directivos si se quiere dar un salto en los resultados de aprendizaje de los alumnos. No es que los directores puedan reemplazar el trabajo cotidiano de los docentes de aula, pero pueden potenciarlo y cualificarlo, ayudando a que cada profesor realice mejor su compleja tarea, así como a que se cree una verdadera comunidad de profesionales en la escuela. De ahí que lograr mejores directivos equivale a alcanzar más calidad en la enseñanza.

2. ANTECEDENTES DEL CONTEXTO EXTERNO Y DEL DIAGNÓSTICO ESTRATÉGICO INSTITUCIONAL QUE FUNDAMENTAN EL PROYECTO.

Las escuelas del Microcentro Los Cisnes, se ubican en distintos sectores rurales de la Comuna de Paredones, Provincia Cardenal Caro, Región de O'higgins, comuna con alto índice de vulnerabilidad y analfabetismo.

Al ser escuelas unidocentes y bidocentes, los profesores deben enfrentar una gran carga laboral, además mucho de los padres al ser analfabetos o tener baja escolaridad no están preparados para apoyar a sus hijos en los procesos formativos, por lo que es la escuela la que debe enfrentar el proceso de educabilidad de sus estudiantes.

Al realizar el diagnóstico se han detectado nudos críticos que son factibles de mejorar, como son dotar a los equipos directivos y profesores de herramientas que le permitan trabajar de manera más colaborativa, con mayor compromiso, conscientes de sus debilidades y con disposición al cambio, cambios que le permitirán contribuir a la mejora de su institución y finalmente a elevar los aprendizajes de sus estudiantes, para que una escuela funcione y mejore es necesario instalar una cultura colaborativa. Actualmente, diversas tendencias propician que la profesión docente esté pasando desde una cultura del ejercicio individual al profesionalismo colectivo (Lieberman y Miller, 2000; Marcelo, 2002; Tedesco y Tenti Fanfani, 2002). Esta nueva visión planteada por los autores citados; involucra cambiar la cultura organizacional tradicional en la cual un profesor trabaja de manera aislada, refugiado en su clase. Una mayor heterogeneidad en el alumnado, la diversificación de las demandas a los establecimientos educacionales, la necesidad de articular una educación continua a lo largo de la vida y la complejidad del conocimiento y del mercado laboral que exigen la capacidad de trabajar en equipo, son algunos de los factores que propician esta transformación.

Actualmente los profesores están siendo convocados a trabajar en equipo para proponer actividades curriculares que acrecienten el marco curricular nacional y distingan a su escuela y liceo de sus pares. Se le pide a los profesores que diseñen, implementen y evalúen proyectos de mejoramiento para sus unidades educativas y que se involucren en un aprendizaje colectivo con sus pares (Ej. Los grupos profesionales de trabajo en la educación media, los microcentros en el programa de educación rural y los talleres de profesores en las escuelas del P900).

3. CONTENIDOS DEL PROYECTO

Objetivo General 1: Determinar e instalar una nueva forma de liderazgo pedagógico y de liderazgo directivo en el Microcentro, con el fin de mejorar la Gestión pedagógica y el trabajo directivo como un proceso permanente.

Objetivos específicos:

Objetivo 1.1: Reconocer y analizar los actuales estilos de liderazgo pedagógico y directivo que se utilizan.

Objetivo 1.2: Determinar en forma consensuada, a través de un proceso, un nuevo estilo de liderazgo pedagógico y directivo que permita el logro de los objetivos institucionales.

Objetivo 1.3: Implementar, en forma programada, la nueva forma de ejercer el liderazgo pedagógico y directivo.

Objetivo General 2: Determinar e instalar una forma efectiva y consensuada de hacer gestión pedagógica en los establecimientos educacionales integrantes del Microcentro, donde se que acoja la realidad y las necesidades de sus estudiantes.

Objetivos específicos:

Objetivo 2.1:

Reconocer y analizar las prácticas pedagógicas utilizadas en los establecimientos educacionales.

Objetivo 2.2:

Proponer y diseñar nuevas prácticas pedagógicas que sean más eficientes y que se ajusten a los distintos requerimientos de los estudiantes.

Objetivo 2.3:

Implementar y evaluar las nuevas prácticas pedagógicas en todos los establecimientos educacionales.

Objetivo General 3: Diseñar e implementar un plan de capacitación continua para los docentes, con el fin de abordar adecuadamente los nuevos requerimientos curriculares y de nuevos requerimientos ministeriales que apuntan a la formación integral de los estudiantes.

Objetivos específicos:

Objetivo 3.1: Analizar y determinar los conocimientos y las competencias que se encuentran descendidos y que son vitales para enfrentar los nuevos requerimientos ministeriales.

Objetivo 3.2:

Analizar y diseñar una forma eficiente para determinar las necesidades de capacitación

Objetivo 3.3:
Diseñar un plan de capacitación anual para todos los docentes de los establecimientos educacionales del Microcentro.

4. FUNDAMENTACIÓN TEÓRICA DEL PROYECTO
1. TEORÍA GENERAL DE SISTEMAS

La Teoría General de Sistemas considera que el hombre es funcional y que desempeña un papel dentro de la organización, interrelacionándose con los demás individuos, como un sistema abierto. En sus acciones basadas en roles, mantiene expectativas respecto al rol de los demás y envía a los demás sus expectativas. Esa interacción altera o refuerza el papel.

Pero, dado que las personas son distintas, poseen diferentes inquietudes, motivaciones, intereses, habilidades y conocimientos y con ello afectan al todo en la organización un buen punto de entrada para hacer las mayores contribuciones a la eficiencia organizacional se encuentra en la gestión del recurso humano, considerado como capital que aumentará las posibilidades de lograr el éxito de una organización, particularmente, la gestión de recursos humanos por competencias.

2. TEORÍA DE LIDERAZGO

a. Teoría situacional de Hersey-Blanchard
El liderazgo situacional de Hersey-Blanchard (1970) propone que el que se encargue de dirigir el grupo cambie su forma de interactuar y abordar tareas en base a las condiciones de sus colaboradores mejorando el rendimiento del grupo en base a su diagnóstico.

El liderazgo situacional es un modelo de liderazgo mediante el cual el líder adopta diferentes tipos de liderazgo en función de la situación y nivel de desarrollo de los empleados, adaptando así el estilo de liderazgo más eficaz en cada momento y de acuerdo a las necesidades del equipo. El comportamiento del líder se adapta al equipo de trabajo para conseguir los mejores resultados.

b. Teoría liderazgo transformacional
El concepto de liderazgo transformacional fue originado e introducido por el experto en liderazgo James MacGregor Burns (1981). Éste lo definió como el tipo de liderazgo ostentado por aquellos individuos con una fuerte visión y personalidad, gracias a la cual son capaces de cambiar las expectativas, percepciones y motivaciones, así como liderar el cambio dentro de una organización. Asimismo, determinó que tal tipología de liderazgo era observable

"cuando los líderes y seguidores trabajan juntos para avanzar a un nivel superior de moral y motivación".

3. TEORÍA DE RELACIONES HUMANAS

a. Teoría de la penetración social (TPS): Realizada por Altman y Taylor (1973). Ellos afirman que "las relaciones comprenden diversos niveles de intimidad, de intercambio o grado de penetración social". Esta afirmación se comprende mejor con las premisas que desarrollaron dentro de la teoría.

En resumen estas premisas mencionan que existen ciertos niveles en las relaciones humanas y estás evolucionan primeramente de relaciones íntimas a no íntimas, durante este proceso de evolución pasan por un desarrollo sistemático y predecible que posteriormente va a dar resultado a la despenetración o la disolución de dicha relación. De acuerdo con Altman y Taylor, "las relaciones no íntimas progresan hacia la intimidad gracias a la autorevelación". La TPS propone un modelo por fases para el desarrollo de una relación:

La fase 1 es la ORIENTACIÓN: El individuo se comporta de acuerdo a los estándares sociales y culturales que se le han enseñado. (Revelar poco a poco).

La fase 2 es el INTERCAMBIO AFECTIVO EXPLORATORIO: El individuo muestra más acerca de su "YO" interno. (Se muestra la verdadera personalidad).

La fase 3 es el INTERCAMBIO AFECTIVO: El individuo se muestra más espontáneo y cómodo. El nivel de intimidad se eleva. (Compromiso y comodidad).

La fase 4 es el INTERCAMBIO ESTABLE: Esta fase la alcanzan muy pocas relaciones. La franca expresión de sentimientos, pensamientos y comportamientos. (Intimidad en bruto).

b. Teoría de las dialécticas relacionales (TDR)

La teoría de las dialécticas relacionales (Baxter y Montgomery 1996) mantiene que la vida relacional se caracteriza por tensiones continuas entre impulsos contradictorios. A pesar de que parece confuso, los investigadores que defienden la posición dialéctica creen que esta retrata fielmente como es la vida de las personas. Esta visión comportamiento humano se explica mejor por comparación con otros dos enfoques habituales: La visión monológica y el enfoque dualista.

El enfoque monológico describe las contradicciones como relaciones; en otras palabras, las dos partes de la contradicción son mutuamente excluyentes en el pensamiento monológico y a medida que uno se acerca a un extremo, se aleja del otro.

El enfoque dualista, por contrario, ve las dos partes de una contradicción como entidades separadas, no relacionales la una con a otra.

El enfoque dialéctico aseguran que en cada contradicción se enfrentan múltiples puntos de vista

Esta teoría se basa en cuatro supuestos principales que se reflejan en sus argumentos sobre la vida relacional:

- Las relaciones no son lineales.

- La vida relacional se caracteriza por el cambio

- La contradicción es factor fundamental de la vida relacional.

- La comunicación es vital para organizar y negociar las contradicciones relacionales.

c. Enfoque de entrenamiento efectivo de profesores (M.E.T)

Es el enfoque de Thomas Gordon de la disciplina, pone el énfasis en la comunicación como algo de importancia primaria. Gordon, considera que su método es democrático. Sugiere que la razón principal de que el docente pase tanto tiempo de clase en la disciplina, es porque utiliza métodos represivos y basados en el poder. Estos métodos incluyen, amenaza de castigo, aplicación de castigo e insultos verbales y culpabilidad, e invitan a los alumnos a la resistencia, rebelión y venganza. Las alternativas que propone son proveer a los profesores de un modelo de comunicación que incluye:

• Escuchar activamente, es un proceso que requiere que una persona escuche cuidadosamente lo que otra persona ex- presa (incluida la comunicación no verbal), y luego repetir el mensaje para que sea entendido. El énfasis se pone en reflejar los sentimientos del alumno más que en el contenido. El objetivo es escuchar activamente, es mostrar empatía y comprensión al alumno que experimenta un problema y que por medio de este proceso, se le pueda ayudar a encontrar su propia solución.

• Mensajes yo: Gordon sugiere que cuando la conducta de un alumno tiene efecto real y tangible sobre la capacidad del profesor para funcionar, entonces éste posee el problema. Los problemas poseídos por el docente tienen que resolverse con los mensajes yo. Algunas directrices para un yo mensaje efectivo sería: una descripción de la conducta del alumno que hace que el profesor tenga un problema, que efecto concreto y tangible tiene sobre el profesor y como le hace sentirse a éste. Las características de un mensaje yo efectivo, según Gordon son:

a. Querer cambiar.
b. Contiene una evaluación negativa mínima.
c. No perjudica las relaciones.

Un yo mensaje requiere la voluntad del profesor de compartir sus sentimiento verdaderos. Algunos profesores se sienten vulnerables al dar el yo mensaje porque se expone a sus alumnos.

• Propiedades de los problemas y negociación. Cuando tanto el maestro como el alumno o grupo de alumnos entran en conflicto el problema le pertenece a ambos, ante lo cual debe llevarse a cabo un proceso de negociación con el fin de hallar entre ellos la solución aceptable para ambas partes. Dicho proceso comprendería los siguientes pasos: a) Definir el problema, b) generar posibles soluciones, c) evaluar las soluciones, d) decidir la mejor solución, e) determinar como implantar la decisión y f) verificar que tan bien resolvió el problema; todo lo cual conduciría a que "nadie pierde".

d. Modelo Ecológico de Bronfenbrenner (1987)
Con este enfoque, se parte de las relaciones que se dan en los grupos, identificando el liderazgo y en general el papel que desempeñan los estudiantes. Al realizar el abordaje educativo en el aula se identifica a quiénes necesitan apoyo y quiénes lo pueden ofrecer.

Este planteamiento asume la idea de que el salón de clase es un sistema ecológico donde se dan interacciones constantemente, éstas son multidimensionales, porque cada uno de los integrantes tiene metas, preferencias y capacidades diferentes. Las acciones que estos ejecutan tienen repercusiones diferentes. Algunas veces se solicita a los alumnos que colaboren con compañeros de menor progreso, esto puede favorecer el avance del grupo en su conjunto.

Otra idea de este enfoque en relación con la mediación pedagógica del docente, es la simultaneidad de la acción en que se da el acto pedagógico del aula. Todo ocurre en el mismo tiempo, por ejemplo un docente ofrece una explicación, simultáneamente a este esfuerzo, debe observar si todos los estudiantes la siguen o no en este proceso pedagógico. La observación permite decidir si regañar o no, ignorar o no, decidir si continuar con el siguiente tema o no, si contestar o no la pregunta que le acaban de hacer. La visualización de la interacción de los estudiantes con su entorno favorece una actitud positiva que fortalece: potencialidades, actitudes, valores, sentimientos, deseos y aspiraciones individuales y del grupo.

También, permite hacer análisis de diferentes fuerzas que intervienen e influyen en el comportamiento individual y grupal, para hacer los ajustes metodológicos de manera oportuna.

Algunas ideas de este enfoque son las siguientes:

• Ambiente: Hay que estudiar al alumno en su ambiente natural: el hogar, la escuela, los lugares que frecuenta de modo espontáneo. Para comprender al alumno hay que conocer las variables del entorno en el que se desarrolla, contextualizarlo en todos los niveles del medio ambiente.

• La cooperación: No es posible llevar a cabo actividades productivas en un grupo, sin la cooperación de todos sus miembros.

• Adecuación al desarrollo: Cada actividad de aprendizaje que se planea para los estudiantes tiene que estar de acuerdo con las características y necesidades propias de la etapa de desarrollo en que se encuentren.

• Más tiempo para aprender: Se debe considerar el tiempo real necesario para el aprendizaje y planificarlo adecuada- mente para el logro de los objetivos propuestos.

• Acceso al aprendizaje: Cada actividad para el grupo tiene sus propias reglas de participación y en la mayor parte del tiempo éstas sólo se dan en forma implícita, a menudo tanto docentes como alumnos no están claros de que hay reglas diferentes para diferentes actividades de aprendizaje.

• Manejo de la autodirección: Una de las ideas que presenta este modelo es promover en los estudiantes la capacidad de guiarse por sí mismos, mediante estrategias que favorezcan y asuman mayores responsabilidades en forma progresiva, de acuerdo con resultados efectivos.

El docente debe:
• Analizar y reflexionar la organización escolar de su aula, que incluye tamaño del grupo, cuál es el mejor lugar a donde ubicar al estudiante y cómo mejorar el liderazgo entre sus alumnos.
• Analizar constantemente las situaciones especiales de disciplina y el contexto en la que ella ocurre.

• Aplicar en su trabajo profesional los conocimientos y aprendizajes adquiridos por diversos medios.
• Asumir una posición flexible en el abordaje del programa de estudios.
• Participar e integrar a los padres, madres o encargados (as) en el proceso de aprendizaje.
• Establecer procedimientos para el manejo del salón de clase, por ejemplo, cómo definir las áreas espaciales del salón.
• Establecer procedimientos para la participación del alumno o alumna.
• Definir cómo comunicará, recogerá y regresará los trabajos que asigne.

5. DESCRIPCIÓN DEL PROCESO DIAGNÓSTICO INSTITUCIONAL REALIZADO

(fuentes de información, metodologías, análisis) (problemas, situaciones problema, nudos críticos identificados) (nivel de desarrollo organizacional identificado)

El diagnóstico institucional fue realizado a siete docentes de escuelas rurales de la comuna de Paredones, todos pertenecientes al Microcentro Los Cisnes. Se explicó en qué consistía y se acordó el día y lugar en que se respondería.

Una vez aplicada la encuesta de las distintas áreas, dimensiones y elementos de Gestión que componen el Modelo de Calidad de la Gestión Escolar se inició el proceso de tabulación y el posterior análisis e interpretación de datos por área de gestión tal como lo orienta el formato dado por la UNAB, lo que permitió determinar el nivel de calidad de dichas prácticas, además fue posible identificar los nudos críticos siendo éstos entendidos cómo oportunidades para el mejoramiento de las prácticas lo que permite acercarse a ser una escuela más inclusiva y de calidad.

A partir de la identificación de los nudos críticos se establecieron los objetivos estratégicos, las líneas de acción, los objetivos generales y específicos. Luego se diseñaron acciones, las que minimizarán las brechas que dificultan obtener el mejoramiento esperado.

Dentro de los nudos críticos identificados se encuentran:

1.- En relación con el área **Gestión Curricular y Pedagógica**:

Un nudo crítico es (incapacidad de observar la sala de clases de una manera efectiva) la ausencia de un sistema de apoyo y supervisión docente efectivo respecto de su trabajo en aula. El sistema de apoyo no es efectivo, ya que la retroalimentación no entrega orientaciones claras y concretas respecto de los momentos de la clase que se requiere mejorar, o respecto de la metodología, menos de los contenidos o estrategias que se utilizan, por todo esto, es finalmente el profesor de aula quien debe buscar estrategias de manera personal para que todos los estudiantes logren la adquisición de conocimiento.

Un segundo nudo crítico identificado, corresponde al área de **liderazgo del Director**, donde no se han desarrollado las competencias de un liderazgo efectivo, al aplicar la encuesta, analizar y debatir con los colegas se evidencia un débil desarrollo de competencias profesionales. Porque existen falencias que se arrastran desde su formación inicial, Sin embargo, todos dicen esforzarse por dar cumplimiento a los requerimientos siendo autodidactas, mucha lectura, siendo aprendices permanentes.

El tercer nudo crítico corresponde al Área Convivencia escolar y apoyo a los estudiantes, Dice relación al escaso desarrollo de competencias de los docentes para elaborar estrategias que permitan ofrecer una educación completa poniendo énfasis en la autorregulación, y el desarrollo Ciudadano (desarrollo de competencias básicas) los docentes que respondieron la encuesta de diagnóstico reconocen   la necesidad de adquirir mayores competencias que les permita interactuar mejor y de manera más eficaz con grupos heterogéneos.

6. MATRIZ DEL PROYECTO

Elementos del diagnóstico que fundamentan los objetivos específicos	Objetivos Específicos (O.E.)	Acciones a realizar (descripción)	Ámbitos de la gestión o liderazgo comprometido	Indicadores que se van a intervenir	Instrumentos utilizados para recolectar la información	Actores de la institución involucrados	Rediseño organizacional a desarrollar
1 Ausencia de un sistema de apoyo y supervisión docente efectivo del trabajo en el aula y del trabajo colaborativo	1.1 Reconocer y analizar los actuales estilos de liderazgo pedagógico y directivo que se utilizan.	Taller de evaluación para analizar los proceso actuales	-Gestión Pedagógica y Liderazgo del Director	Resultados pruebas internas y externas. Avance en el mapa de progreso y/o en el logro de OA Nº de veces que se adecuó el PEI - número de reuniones al año con apoderados	Pauta de evaluación docente	Docentes participantes del Microcentro	No es necesario realizar un rediseño organizacional

					N° de veces que se comunicó el PEI a toda la Comunidad			
		1.2 Determinar en forma consensuada, a través de un proceso, un nuevo estilo de liderazgo pedagógico y directivo que permita el logro de los objetivos institucionales.	Elaborar un protocolo de acción que dé cuenta de acciones que deben realizar los docentes para alcanzar los objetivos institucionales.	Gestión pedagógica	Cantidad de docentes que adopta el nuevo estilo pedagógico	Protocolo de acción	coordinador	Institucionalizar un diseño pedagógico más inclusivo, y flexible.
		1.3 Implementar, en forma programada, la nueva forma de ejercer el liderazgo pedagógi	Taller donde se implementará la nueva forma de trabajo.	Gestión Curricular	Número de docentes que participan del taller	Sheck list	Docentes	Equipo docente y directivo que construyen y se hace parte de su proceso de

		co y directivo.						formación.
2	Débil desarrollo de competencias profesionales. Porque existen falencias que se arrastran desde su formación inicial.	2.1 Reconocer y analizar las prácticas pedagógicas utilizadas en los establecimientos educacionales.	- Taller de	Gestión Pedagógica, directiva	Número de docentes que aplican lo aprendido en el taller.	- Encuesta -Lista de cotejo	Docentes integrantes microcentro	Docentes con competencias para avanzar a la mejora continua, dentro de un trato y accionar más inclusivo y solidario.
		2.2 Proponer y diseñar nuevas prácticas pedagógicas que sean más eficientes y que se ajusten a los distintos requerimientos de los estudiantes.	Taller de trabajo para diseñar prácticas pedagógicas variadas a fin de atender los distintos estilos y necesidades de aprendizaje de lo estudiantes, al mismo tiempo se enriquec	Gestión Pedagógica.	Número de guías diseñadas (carpeta)	Lista de cotejo	Coordinador y docentes participantes	Aplicar una educación con énfasis en Formación Ciudadana

			en sus aprendizajes					
		2.3 Implementar y evaluar las nuevas prácticas pedagógicas en todos los establecimientos educacionales.	Taller de evaluación y/o seguimiento de las prácticas implementadas	Gestión Pedagógica	Número de docentes que utilizan nuevas prácticas	Lista de cotejo	Todos los integrantes de Microcentro	Impartir una educación más inclusiva, más solidaria, más responsable, crítica y sostenible.
4	Docentes con bajo conocimiento en materias de formación ciudadana, convivencia escolar y competencias laborales débiles para enfrentar nuevos temas formativos	3.1 Analizar y determinar los conocimientos y las competencias que se encuentran descendidos y que son vitales para enfrentar los nuevos requerimientos ministeriales.	Taller de Microcentro para priorizar las áreas o materias en las que se requiere capacitación	Convivencia escolar	Número de talleres de reflexión y de prácticas o contenidos sobre los cuales es necesario adquirir mejores competencias	Encuesta	Docentes del Microcentro	Docentes con formación continúa, con disposición al cambio e impartiendo prácticas pedagógicas efectivas e inclusivas

5	Docentes con bajo conocimiento en materias de formación ciudadana, convivencia escolar y competencias laborales débiles para enfrentar nuevos temas formativos	3.2 Analizar y diseñar una forma eficiente para determinar las necesidades de capacitación.		Convivencia Escolar	: número de reuniones técnicas - resultados de votación directa	Encuesta de satisfacción	Integrantes del microcentro sostenedor	Consolidar protocolo de acuerdo
		3.3 Diseñar un plan de capacitación anual para los docentes de los establecimientos educacionales del Microcentro.	Taller de Capacitación	Gestión Pedagógica	Número de docentes que participan del plan de capacitación	Lista de cotejo Encuesta de satisfacción	Coordinador e integrantes del Microcentro	No es necesario hacer un rediseño organizacional

7. DESCRIPCIÓN DE LOS COMPONENTES O LÍNEAS DE ACCIÓN QUE CONFORMAN EL PROYECTO DE MEJORAMIENTO INSTITUCIONAL Y LA ESTRATEGIA GENERAL QUE LOS ARTICULA.

A. **Gestión pedagógica-curricular** : Análisis de los procesos actuales de trabajo en relación con el intercambio de metodologías y estrategias pedagógicas

B. **Procesos considerados en el proyecto:** intercambio metodológico y estrategias pedagógicas.

- Estructura organizacional que participa en el proyecto: Docentes y director
- Competencia de los actores que intervienen en el proyecto: Capacidad de análisis, disposición al cambio corresponsabilidad frente a un objetivo común

C. **Gestión directiva/liderazgo:** Liderazgo transformacional

D. **Procesos considerados en el proyecto**: Revisión de bases curriculares, Marco para la buena enseñanza, Marco para la buena dirección , LEGE
  - Estructura organizacional que participa en el proyecto: Docentes, Directores
  - Competencia de los actores que intervienen en el proyecto: Conocimiento de los programas de estudio y bases curriculares
  - **Gestión de la convivencia e inclusión escolar** (en instituciones educacionales de otro nivel, remplazar por los que correspondan)
  - Procesos considerados en el proyecto: Capacitación en el manejo de las emociones y otras
  - Estructura organizacional que participa en el proyecto: Integrantes del Microcentro
  - Competencia de los actores que intervienen en el proyecto: Conocimiento de sus propias emociones, desarrollo de la empatía

8. DESCRIPCIÓN DEL TIPO DE LIDERAZGO Y GESTIÓN MEDIANTE EL CUAL SE LLEVARÁ A CABO EL PROYECTO DE MEJORAMIENTO INSTITUCIONAL

El tipo de liderazgo aplicado al proyecto de mejoramiento institucional, es el de liderazgo transformacional y fue originado e introducido por el experto en liderazgo James Mac Gregor. Éste lo definió como el tipo de liderazgo ostentado por aquellos individuos con una fuerte visión y personalidad, gracias a la cual son capaces de cambiar las expectativas, percepciones y motivaciones, así como liderar el cambio dentro de una organización. Así mismo determinó que tal tipología de liderazgo era observable "Cuando los líderes y seguidores trabajan juntos para avanzar a un nivel superior de moral y motivación".

Por otra parte Bernard M. Bass determinó cuatro características de este tipo de liderazgo:

- Liderazgo con propósito firme y propositivo,
- Activamente implicado, enterado de las necesidades de la unidad educativa,
- Con capacidad de compartir poder con los docentes,
- Con competencia profesional, en particular, en cuanto al proceso de enseñanza–aprendizaje.

Bass (1985) citado por (Vega & Zavala, 2004) sostiene que es el Liderazgo transformacional el que apunta a un cambio de segundo orden, ya que es un proceso que se da en la relación líder-seguidor, que se caracteriza por ser carismático, de tal forma que los seguidores se identifican y desean emular al líder. Es intelectualmente estimulante, expandiendo las habilidades de los seguidores; los inspira, a través de desafíos y persuasión, proveyéndoles significado y entendimiento. Finalmente, considera a los subordinados individualmente, proporcionándoles apoyo, guía y entendimiento. El estudio de Noland (2005) citado por (San Saturnino & Goicochea, 2013) indica que el liderazgo transformacional está relacionado con la cercanía de los profesores y con el empoderamiento, el aprendizaje, la motivación y la satisfacción de los alumnos. En la misma línea, Bolkan y Goodboy (2009) y Harrison (2011) citados por (San Saturnino & Goicochea, 2013) obtuvieron correlaciones con el aprendizaje, la motivación, la participación y la satisfacción de los alumnos, así como con su percepción acerca de la credibilidad de los profesores. A diferencia del resto de las teorías de liderazgo (transaccional y laissez- faire) que se centran en cambios conservadores y reformistas, el Liderazgo Transformacional no se da en una causalidad lineal. Además, Bass citado por (Vega & Zavala, 2004), enfatiza que el proceso transformacional es necesario estudiarlo a través de los efectos observados en los seguidores. Esto es coherente con su enfoque teórico, en donde es el comportamiento el que define frente a que liderazgo estamos, y por ende, ante qué proceso motivacional está sujeto el seguidor. En Chile el Estado ha implementado algunas medidas para fomentar el liderazgo directivo, tales como: El Marco para la Buena Dirección y el Liderazgo Escolar, el cual tiene por objetivo definir y profesionalizar el rol del director que se espera encontrar en los establecimientos subvencionados. También se ha establecido en la Ley 20.006, que los directores de escuela municipal deben participar de concurso público para ocupar el cargo. Y por último, se ha creado un plan de Formación de Directores de Excelencia, que busca fortalecer la figura del director a través de la formación de profesionales destacados para que sean los verdaderos líderes de sus escuelas.

"El liderazgo transformacional tiene un papel importante en las instituciones educativas, que tienen el reto de reformarse para responder a las necesidades sociales" (Vázquez, 2013, pág. 74).

Otras de las características del liderazgo transformacional; es que es un liderazgo carismático, visionario, transformativo, más flexible e inclusivo, comunitario y democrático. El que en lugar de acentuar la dimensión de influencia en los seguidores o en la gestión, se enfoca en la línea de ejercer el liderazgo mediante significados (visión, cultura, compromiso, etc.) de un modo compartido con los miembros de una organización. Liderazgo que según las investigaciones realizadas por Leithwood y colaboradores (1999) es el más idóneo para organizaciones educativas que aprenden, ya que favorece las metas comunes y compartidas" (Salazar, 2006, pág. 1).

A su vez, es necesario entender que: "El liderazgo transformacional es "transfigurar" a la gente y a las organizaciones. Cambiar la forma de actuar, precedido de una innovación de cómo se piensa y siente" (Martins, Camareto, Neris, & Canelón, 2009, pág. 2).

El líder transformacional provee de cambio y movimiento a la organización; por ello debe tener una clara visión de las metas a alcanzar para guiar a la institución en nuevas direcciones. Este tipo de líder enfatiza las nuevas posibilidades y promueve una **visión de futuro** porque es guiado por un fuerte sentido de propósito (Burns, 1978). De acuerdo con Tucker y Russell (2004), el cambio en las organizaciones que están a cargo de los líderes transformacionales, ocurre **por la elevación en la altura de miras de la organización por encima de la rutina de los** sistemas **mecánicos orientados al poder.** Los autores sostienen que esto sucede porque el líder transformacional cuestiona todo y promueve un estilo de pensamiento no tradicional.

La mayoría de los estudios relacionados con el liderazgo para el cambio comparten la perspectiva de que los líderes transformacionales efectivos pueden cambiar los valores básicos, creencias y actitudes de sus seguidores, mediante la articulación de una visión, el logro de su aceptación en los diferentes grupos de la organización y la provisión del apoyo individual que les motiva a alcanzarla (Podsakoff, Mac Kenzie y Bommer, 1996).

Para Eisenbach et al. (1999), algunas de las cualidades del líder transformacional lo hacen especialmente apto para liderar ciertos tipos de cambio. En este sentido, Bass y Riggio (2006) sostienen la idea de que el liderazgo transformacional es mejor para las situaciones no rutinarias. Leithwood y Steinbach (1993) afirman que el pensamiento experto es particularmente crucial para los líderes, porque les provee de la flexibilidad cognitiva que requieren para sus contextos tan cambiantes. Este tipo de pensamiento crea una propensión a la actuación transformacional; sin embargo, desde su perspectiva, la teoría del liderazgo transformacional como fue propuesta por Bass, no le otorga suficiente importancia a la mente del líder.

Desde la perspectiva de Bass y Avolio (1993), es importante considerar que una cultura transformacional en las organizaciones se caracteriza por un sentido de propósito y ligas afectivas de familiaridad. De acuerdo con ellos, si esto ocurre, hay un gran compromiso institucional porque los líderes y seguidores van más allá de sus intereses personales y se enfocan al bienestar de la organización. Así, no se requiere de acuerdos formales y controles, porque la gente actúa por compromiso y en confianza. Como consecuencia, la estructura organizacional es descentralizada, flexible, adaptable, dinámica, informal; la creatividad es la regla para todos (Bass y Avolio).

De acuerdo con lo anterior, los líderes transformacionales influencian tres áreas de la cultura organizacional: 1) La mentalidad de la gente de la organización, 2) La cultura entre la gente de la misma y 3) La cultura más allá de la gente de la institución (Tucker y Russell, 2004).

9. RESULTADOS ESPERADOS Y PRINCIPALES ACTIVIDADES ASOCIADAS

Describir las actividades y resultados esperados observables y medibles, en relación a cada uno de los objetivos específicos definidos.		
Objetivos Específicos	**Resultados Esperados**	**Principales Acciones Asociadas**
Objetivo específico 1.1 Reconocer y analizar los actuales estilos de liderazgo pedagógico y directivo que se utilizan.	Docentes comprometidos con su labor, que construyen y validan la necesidad de cambio, con disposición para trabajar en forma colaborativa con sus pares en pro de un objetivo común; retroalimentar y fortalecer sus prácticas pedagógicas lo que permitirá elevar la calidad de los aprendizajes de sus estudiantes.	-Análisis de los actuales procesos de trabajo, el intercambio metodológico y estrategias pedagógicas.
Objetivo específico 1.2 Determinar en forma consensuada, a través de un proceso, un nuevo estilo de liderazgo pedagógico y directivo que permita el logro de los objetivos institucionales.	Fortalecer el desarrollo de competencias profesionales, para poder analizar con altos niveles de desempeño, las responsabilidades que el Sistema Educacional exige.	*Taller de reflexión en torno a las bases curriculares. Equipo Directivo involucrado y apoyando los Procesos Curriculares y Pedagógicos de sus docentes y en la mejora continua de los procesos de aprendizajes de sus estudiantes.
Objetivo específico 1.3 Implementar, en forma programada, la nueva forma de ejercer el liderazgo	Proporcionar a los jóvenes una educación completa, que abarque los conocimientos y Variables del aprendizaje significativo para el desarrollo de las competencias básicas que resultan necesarias en la sociedad actual, que les permita desarrollar los valores que sustentan	- Diseñar, planificar y evaluar procesos de enseñanza y aprendizaje, tanto individualmente como en colaboración con otros docentes y

pedagógico y directivo.	la práctica de la ciudadanía democrática, la vida en común y la cohesión social, que estimule en ellos y ellas el deseo de seguir aprendiendo y la capacidad de aprender por sí mismos".	profesionales del Microcentro. *Equipo directivo, docentes y comunidad educativa en general más cohesionado, y preparados para enfrentar con altos niveles de desempeño su labor, *EE imparte una educación inclusiva y aplicando habilidades del siglo XXI.
Objetivo 2.1 Reconocer y analizar las prácticas pedagógicas utilizadas en los establecimientos educacionales.	Se espera ser una comunidad educativa donde todos, especialmente nuestros alumnos sean poseedores de amplias destrezas, conocimientos, valores, actitudes y habilidades que les permitan desarrollarse como personas exitosas adaptadas a un mundo en permanente cambio, conscientes de sus deberes, derechos y responsabilidades, fomentando su respeto por la diversidad y el cuidado de espacios físicos destacados en el medio ambiente escolar.	EE. empoderado y comprometido por mejorar en forma sistemática la buena convivencia entre todos los integrantes del establecimiento - Se ha logrado alcanzar y mantener un ambiente escolar óptimo para facilitar el proceso educativo.
Objetivo 2.2 Proponer y diseñar nuevas prácticas pedagógicas que sean más eficientes y que se ajusten a los distintos requerimientos de los estudiantes. **Objetivo 2.3**	Docentes con capacidad para trabajar en equipo con sentido de corresponsabilidad, de pertenencia al microcentro y con su labor docente.	Diseñar variedad de material didáctico, a fin de atender las NEE de los estudiantes - Observación y evaluación de clases

Implementar y evaluar las nuevas prácticas pedagógicas en todos los establecimientos educacionales.		
Objetivo 3.1 Analizar y determinar los conocimientos y las competencias que se encuentran descendidos y que son vitales para enfrentar los nuevos requerimientos ministeriales.	Docentes conscientes de sus fortalezas y debilidades, siendo entendidas estas últimas como desafíos EE que ha mejorado su gestión institucional y los aprendizajes de los alumnos	- Análisis para consensuar las competencias que se necesita mejorar mediante capacitación
Objetivo 3.2 Analizar y diseñar una forma eficiente para determinar las necesidades de capacitación.	Docentes con capacidad de reflexión sobre su propia práctica	- Jornadas de capacitación
Objetivo 3.3 Diseñar un plan de capacitación anual para todos los docentes de los establecimientos educacionales del Microcentro.	Docentes que han mejorado su desempeño y la calidad de la educación que imparten EE con cuerpo docente en constante formación y orientación hacia la mejora permanente	Calendarizar los talleres o jornadas de capacitación

10. NOMBRAR Y DESCRIBIR LOS RESULTADOS QUE SE ESPERAN OBTENER AL FINALIZAR CADA FASE DEL PROYECTO DE MEJORAMIENTO INSTITUCIONAL.

Fase Inicial

Equipo docente y directivo con sentido de corresponsabilidad, que validen el trabajo en equipo entendiéndolo como un medio efectivo para lograr los resultados propuestos en el plan anual.

Fase de Implementación: Cultura institucional de corresponsabilidad frente a las diferentes tareas, alto nivel de cohesión en la comunidad educativa.

Equipo directivo, docentes y comunidad educativa en general más cohesionado, y preparados para enfrentar con altos niveles de desempeño su labor, EE imparte una educación inclusiva y aplicando habilidades del siglo XXI.

Fase de Término y Resultados Esperados

En la fase de término se cuenta con una comunidad educativa cohesionada, con sentido de pertenencia:

- Profesores con manejo de metodologías y contenidos contextualizados, que interactúan y reflexionan sobre sus prácticas docentes capaces de flexibilizar el currículum ofreciendo contenidos significativos para sus alumnos (as)
- Director con competencias para el liderazgo Transformacional que comparte permanentemente la visión y misión, haciéndose parte del proceso educativo participando, no sólo delegando.
- Padres informados, comprometidos con la escuela y partícipes del proceso enseñanza aprendizaje de sus hijos.
- Profesores que acogen, planifican y actúan desde la complejidad y diversidad de sus estudiantes, con competencias técnicas que les permite trabajar de manera exitosa con cada uno (a) de sus estudiantes.
- EE empoderado, una escuela inclusiva, cercana, flexible cohesionada con resultados satisfactorios respecto a mediciones de calidad y otros indicadores de calidad.

Sustentabilidad del Proyecto

Para lograr un mejoramiento sostenido en el tiempo, se pondrán en práctica al interior de las escuelas del Microcentro, una serie de prácticas, acciones y formas de trabajo, las que permitirán ir perfeccionando los procesos, logrando cada vez mejores resultados. Además los cambios que se explicitan en el proyecto, como son trabajar de manera colaborativa para diseñar la enseñanza, instalar un sistema de monitoreo de las prácticas en el aula, apropiarse de mejores competencias sobre las bases curriculares, el desarrollo de la ciudadanía, etc. Estas acciones se desarrollarán de manera regular y sistemática hasta instalarlas como parte de la cultura de los EE pertenecientes al Microcentro. Es importante mencionar que el cambio es un proceso que sólo rinde frutos si es consistente y sistemático.
El proyecto pone el énfasis en instalar capacidades en un nivel más comprehensivo, ya que busca el desarrollo de capacidades internas en el equipo docente, donde el protagonismo recae en el mejoramiento, pasa de los directivos a los profesores, lo que permite que los cambios sean sostenidos en el tiempo, logrando un equipo directivo y docente muy cohesionado con alta capacidad de análisis del propio trabajo.

"El aprendizaje colaborativo considera el diálogo, las interacciones positivas y la cooperación como fundamentos esenciales de su quehacer; sin embargo, es la implicación colaborativa de cada persona, la que garantiza el alcance de las metas de aprendizaje, y la realización individual y colectiva" (Monge, 2006).

11. ESTRATEGIA DE EVALUACIÓN

Descripción de la estrategia de evaluación que se utilizará y la forma en que la información resultante es incorporada a las sucesivas fases del Proyecto de Mejoramiento Institucional. (Indicar las instancias, procedimientos, acciones, indicadores de resultados, seguimiento)

Se realizará evaluación permanente y sostenida

En reuniones de microcentro se realizará revisión del currículum vigente, se consensuará modelo de planificación, además de elaborar planificaciones evaluará el cumplimiento de las tareas comprometidas, la forma en que se logran los aprendizajes que adquieren los estudiantes de acuerdo a lo especificado, y la satisfacción respecto al proceso y al clima en el cual se realiza la actividad docente.

Par evaluar el grado de cumplimiento de los objetivos se utilizarán instrumentos como

Formato de planificación, planificaciones, acopio de material didáctico, instrumentos de evaluación, guías de aprendizajes, acta de reuniones de trabajo del Microcentro, check list para evaluar el trabajo docente en aula, encuesta sobre taller de manejo emocional, encuestas de satisfacción.

12. PROGRAMACIÓN

Descripción de los principales hitos o actividades más relevantes del Proyecto de Mejoramiento Institucional, incluir su programación temporal, a partir de la fase inicial hasta donde finaliza la implementación.

En la etapa de inicio se realizará jornada de reflexión con todos los integrantes del Microcentro para analizar los actuales estilos de liderazgo pedagógico y directivo, dicha reflexión permitirá establecer modos de actuar en esta área estratégica y producir las mejoras, tanto en lo pedagógico como en lo directivo.

En la etapa de implementación se consensuará el modelo de planificación que utilizará el Microcentro para preparar sus clases, se elaborarán las planificaciones para el semestre de manera colaborativa. Se promoverá e implementará un sistema de acompañamiento y retroalimentación de las prácticas docente, así como la observación del desempeño docente en aula con su respectiva retroalimentación (feedback).

La evaluación estará basada en evidencias posibilitando la investigación para la mejora continua, además la evaluación permitirá a los docentes conocer la calidad de su desempeño teniendo la posibilidad de producir las mejoras y desarrollará aperturas en la innovación (por ejemplo organizar buenas prácticas pedagógicas), lo que permitirá atender los distintos ritmos de aprendizaje de sus estudiantes mejorando la calidad de la educación, que los establecimientos educacionales (EE) del Microcentro imparten.

También se ofrecerá la oportunidad de desarrollarse profesionalmente, para que los integrantes del Microcentro de manera consensuada, prioricen las competencias y conocimientos sobre los cuales necesitan perfeccionamiento.

13. CARTA GANTT

Actividades	Marzo	Abril	Mayo	Junio	Julio	Agosto	Septiembre	Octubre	Noviembre	Diciembre
Taller de reflexión y Análisis	X			X			X			
Jornada de trabajo para elaborar planificaciones	X				X					X
Elaboración de check list	X									
Taller de análisis de políticas de convivencia		X			X					
Taller de manejo emocional			X					X		X
Jornada de reflexión de las relaciones interpersonales		X			X				X	
Revisión de derechos y deberes	X								X	
Talleres de capacitación	X		X		X					X

14. RECURSOS FINANCIEROS

RESUMEN DE GASTOS	%	TOTAL (EN $)
Gasto en Recursos Humanos - Asesor ATP - Moderador - Otros Relatores	70	2.800.000
Gasto en Actividades y Materiales - Materiales fungibles - Materiales no fungibles	15	600.000
Gastos de Operación - Invitaciones - Locomoción - Alimentación para participantes	15	600.000.-
TOTAL	100%	4.000.000.-

15. BIBLIOGRAFÍA

Bibliografía utilizada en el marco teórico y los materiales, documentos e instrumentos que pudiese utilizar en el desarrollo del Proyecto de Mejoramiento Institucional.
(Indicar título, editorial, nombre del autor y fecha de publicación)

A. Libros
1. Diseño y evaluación de programas de educación emocional. Barcelona. Ed. Praxis. ÁLAVERZ, M. (2001).
2. Liderazgo directivo: Claves para una mejor escuela. Psicoperspectivas, ANDERSON, S. (2010).
3. Trabajo colaborativo entre profesores y atención a la diversidad. España: Comunidad Educativa ARNAIZ, P., HERRERO A. J., GARRIDO C. y DE HARO, R. (1999).
4. Escuelas efectivas en sectores de pobreza. Quien dijo que no se puede. Unicef. Asesorías para el desarrollo y Ministerio de Educación. Santiago, Chile. BELLEI, C. RACZYNKY, D. MUÑOZ, G. PÉREZ, L. (2004).
5. Inteligencia Emocional. Barcelona.kairos. GOLEMAN, D. (1997).
6. Administración del comportamiento organizacional. Editorial Prentice Hall. HERSEY, PAUL; BLANCHARD, KENNETH; JOHNSON, DEWEY. (1998).
7. Introducción a la teoría general de sistemas. Editorial Limusa. JOHANSEN BERTOGLIO, OSCAR. (1982).

B. Revistas
1. Gestión directiva del curriculum. *Revista Electrónica Actualidades Investigativas en Educación, 9* (2), 1-17. ARROYO, J. (2009).
2. La disciplina escolar: aportes de las teorías psicológicas. Revista Científica Redalyc. Universidad Católica, CELIO ACOSTA, V. (2007).
3. Liderazgo transformacional y la facilitación de la aceptación al cambio organizacional". Revista Científica Redalyc. Pontificia Universidad Javeriana, Colombia. GARCÍA RUBIANO, M. (2011).
4. Aprendizaje colaborativo: una nueva forma de diálogo interpersonal en red. En Contexto Educativo, Revista digital de Educación y nuevas Tecnologías. ZAÑARTU, L. (2003).

D. Otras publicaciones
1. Preparación y Evaluación de Proyectos Educativos. Tomo 2. Curso de Educación a Distancia, Santiago de Chile, Convenio Andrés Bello. BRIONES, (1995).

2. Modelo ecológico / Modelo integral de intervención en atención temprana". XI Reunión interdisciplinaria sobre poblaciones de alto riesgo de deficiencias en factores emocionales del desarrollo temprano. GARCÍA SÁNCHEZ, FRANCISCO (2001).

3. Estructuras de la mente. La teoría de las inteligencias múltiples. México: Fondo de Cultura económica. GARDNER, H. (1994).

4. Evaluación del impacto de los sistemas de información en desempeño individual del usuario, aplicaciones en instituciones universitarias". Tesis doctoral. Universidad Politécnica de Madrid. MEDINA QUINTERO, JOSÉ (2005).

5. Política de convivencia escolar. Santiago de Chile. MINEDUC (2002).

6. Marco para la Buena Enseñanza. Santiago de Chile. MINEDUC (2003).

7. Marco para la Buena Dirección. Santiago de Chile. MINEDUC (2005).

Páginas web:

http://www.fao.org/docrep/006/t3725s/t3725s02.htm

http://portales.mineduc.cl/index2.php?id_portal=93&id_seccion=5286&id_contenido=32555

http://www.rinace.net/reice/numeros/arts/vol11num1/art5_htm.html

http://www.mineduc.cl/usuarios/convivencia_escolar/doc/201309091630460.

http://www.planesdemejoramiento.cl

http://www.unesco.org/education/pdf/DELORS_S.PDF

http://www.oei.es/valores2/formacion_ciudadana.pdf

16. INFORMACIÓN ADICIONAL

(optativo) Incorpore la información adicional que, a su juicio es pertinente para una mayor y mejor comprensión y evaluación del Proyecto de Mejoramiento Institucional:

Actualmente existe una evaluación implementada por el Ministerio de Educación para los docentes de los establecimientos municipalizados. Sin embargo, las escuelas deben asumir la responsabilidad de evaluar permanentemente el desempeño profesional de los docentes y proporcionar retroalimentación oportuna y adecuada para la mejora de las prácticas pedagógicas. Marcel y Raczynski (2009), éstas sostienen que se debe introducir un sistema de gestión del desempeño basado en el Marco para la Buena Enseñanza, utilizando la observación de clases y la evaluación formativa frecuente.

Es indudable que el término calidad posee una enorme potencia discursiva pues se instala sobre los deseos y anhelos básicos de la ciudadanía respecto de la educación. ¿Quién podría no estar de acuerdo en tener una educación de calidad? Pero en la práctica este discurso posee significados muy diversos, incluso derechamente contradictorios; no todos entienden lo mismo, más aún, no todos persiguen los mismos fines cuando pretenden reclamarla. Como plantea Bolívar (2001), el término calidad puede esconder tras de sí las causas que hacen que algo tenga o no calidad, por lo que puede ser aplicado indiscriminadamente. Por lo mismo, señalar qué se entiende por educación de calidad es, básicamente, un ejercicio que debe llevar a explicitar qué tipo de escuela queremos, sobre qué valores la construiremos, qué procesos pedagógicos se privilegiarán (en el más amplio sentido) y qué vínculos estableceremos entre calidad educativa y proyecto de sociedad. Un primer aspecto a considerar, aunque parezca obvio recordarlo, es que la calidad refiere a 'lo cualitativo', o al menos a aspectos no necesariamente cuantificables de los procesos vividos en los establecimientos escolares. Por lo tanto, los resultados obtenidos, medidos según instrumentos estandarizados, pueden sólo dar cuenta de un aspecto de la calidad de la institución escolar, pero no son -bajo ningún punto de vista- el único a considerar. De ese modo, conviene rescatar y proponer una noción más comprensiva de calidad. En la literatura dedicada al tema, se pueden apreciar tres focos, por cierto relacionados entre sí, desde los cuales se aborda el problema: educación de calidad, escuelas de calidad y sistemas educativos de calidad. El debate respecto a educación de calidad suele centrarse en aspectos curriculares. Aparecen aquí temáticas como pertinencia curricular, selección de contenidos, áreas educativas, etc. Un documento referencial al respecto es el mundialmente conocido "Informe Delors", elaborado por UNESCO y que define cuatro pilares de la educación (se entiende, de calidad) para el siglo XXI: aprender a conocer, aprender a ser, aprender a hacer y aprender a vivir con otros (UNESCO, 2000). Más allá del intenso debate sobre concepciones curriculares en las cuales basar la calidad, este documento presenta una especie de "consenso" sobre puntos básicos y mínimos que una educación de calidad no puede dejar de lado. No obstante, destacados autores latinoamericanos han hecho mención a la ausencia de un debate sobre calidad situado y contextualizado en la realidad latinoamericana (Pronunciamiento Latinoamericano por una Educación para Todos, 2000). Para estos autores, valores como el sentido comunitario de vida, la multiculturalidad e interculturalidad o la apertura y valoración de formas de conocimiento y de aproximación a la realidad que trascienden la racionalidad instrumental, son fundamentales en nuestras culturas latinoamericanas y no se han posicionado de manera significativa en la discusión sobre calidad.

Desde los estudios de Carl Ranson Rogers en los años 40 y de Daniel Goleman en 1996, la noción de **inteligencia emocional** y la idea de que expresar, conocer y encauzar adecuadamente las emociones es necesario y beneficioso, están plenamente aceptadas. Goleman afirma:

La investigación científica ha demostrado que la autoconciencia, la confianza en uno mismo, la empatía y la gestión más adecuada de las emociones e impulsos perturbadores no sólo mejoran la conducta del niño, sino que también inciden muy positivamente en su rendimiento académico.

De acuerdo con Goleman (2001), las personas emocionalmente desarrolladas, es decir, las personas que gobiernan adecuadamente sus emociones y que también saben interpretar y relacionarse efectivamente con las emociones de los demás, disfrutan de una situación ventajosa en todos los dominios de la vida. Estas personas suelen sentirse más satisfechas, son más eficaces y más capaces de dominar los hábitos mentales que determinan la productividad. Quienes, por el contrario, no pueden controlar su vida emocional, se debaten en constantes luchas internas que socavan su capacidad de trabajo y les impiden pensar con suficiente claridad.

De acuerdo con Goleman (1999), las habilidades sociales abarcan siete elementos: comunicación, influencia, liderazgo, canalización del cambio, resolución de conflictos, colaboración y cooperación y habilidades para el trabajo en equipo. La comunicación Es la capacidad de emitir mensajes claros y convincentes. Las personas dotadas de estas competencias: saben dar y recibir mensajes, captan las señales emocionales y sintonizan con su mensaje; abordan directamente las cuestiones difíciles; saben escuchar, buscan la comprensión mutua y no tienen problemas para compartir la información de la que disponen; alientan la comunicación sincera y permanecen atentos tanto a las buenas noticias como a las malas. La capacidad de influencia Es poseer habilidades de persuasión. Las personas dotadas de estas competencias: son muy convincentes; utilizan estrategias indirectas para alcanzar el consenso y el apoyo de los demás, y, recurren a argumentaciones muy precisas con el fin de convencer a los demás.

El liderazgo es la capacidad de inspirar y de dirigir a los individuos y a los grupos. Las personas dotadas de estas competencias: articulan y estimulan el entusiasmo por las perspectivas y objetivos compartidos; cuando resulta necesario saben tomar decisiones independientemente de su posición; son capaces de guiar el desempeño de los demás y liderizan con el ejemplo. Las personas dotadas de estas competencias: reconocen la necesidad de cambiar y de eliminar fronteras; desafían lo establecido; promueven el cambio y consiguen involucrar a otros en ese cambio y modelan el cambio de los demás. La resolución de conflictos Es la capacidad de negociar y de resolver conflictos. Las personas dotadas de estas competencias: Manejan a las personas difíciles y a las situaciones tensas con diplomacia y tacto, reconocen los posibles conflictos, sacan a la luz los desacuerdos y fomentan la disminución de las tensiones y, buscan el modo de llegar a soluciones que satisfagan plenamente a todos los implicados.

La colaboración y cooperación; es la capacidad para trabajar con los demás en forma cooperativa y colaborativa en función de alcanzar los objetivos compartidos. Las personas dotadas de estas competencias: equilibran la concentración en la tarea con la atención a las relaciones; colaboran y comparten planes, información y recursos. Las habilidades de equipo Es la capacidad de crear la sinergia grupal en la consecución de las metas colectivas. Las personas dotadas de esta competencia: alientan cualidades grupales como el respeto, la disponibilidad y la colaboración; despiertan la participación y el entusiasmo; consolidan la identificación grupal y, cuidan al grupo, su reputación y comparten los méritos.

Como propone el informe Delors (1996, UNESCO) "la educación para el siglo XXI tiene que estructurarse en torno a cuatro pilares básicos: aprender a conocer, aprender a hacer, aprender a convivir y aprender a ser". A estos dos últimos aprendizajes todavía no se prestan suficiente atención y sin embargo son el eje alrededor de los que gira el desarrollo personal y la vida en sociedad. Aprender a ser uno mismo y a convivir es más fácil si se desarrollan desde la escuela las competencias propias de la Inteligencia Emocional.

More
Books!

OMNIScriptum

Printed by Books on Demand GmbH, Norderstedt / Germany